# LE
# COUSIN DU ROI

## COMÉDIE

Représentée pour la première fois, à Paris, sur le théâtre impérial de l'Odéon, le 4 avril 1857.

# A ARSÈNE HOUSSAYE.

Cher ami,

Voici une comédie qui, en allant chez vous, nous a tout l'air de rentrer chez elle. N'est-ce pas vous qui nous avez appris à aimer ce brillant aventurier qui, comme vous, fêtait si dévotement les beaux yeux, les gaies chansons et les roses?

Grâce aux *Portraits du dix-huitième siècle*, Dufresny a repris son rang dans l'intimité des poètes. Mais n'aurons-nous pas défait votre ouvrage? N'aurons-nous pas été impuissants à préserver dans cette rapide esquisse la délicate pensée du peintre?

PH. BOYER, TH. DE BANVILLE.

4 avril 1857.

# LE
# COUSIN DU ROI

COMÉDIE EN UN ACTE, EN VERS

PAR

Philoxène BOYER et Théodore DE BANVILLE

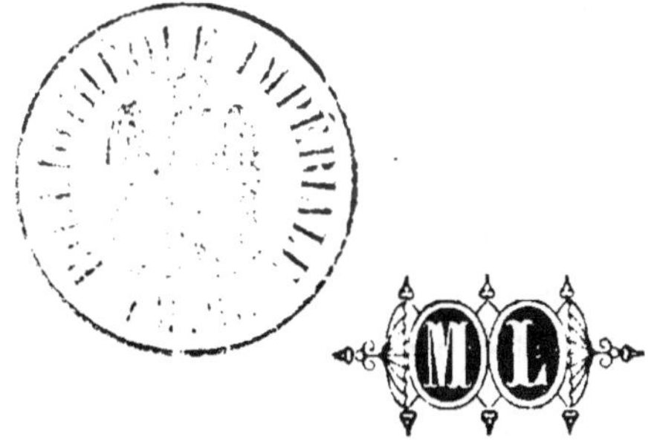

PARIS

MICHEL LÉVY FRÈRES, LIBRAIRES-ÉDITEURS

RUE VIVIENNE, 2 bis

1857

| PERSONNAGES. | ACTEURS. |
|---|---|
| DUFRESNY. | M. GUICHARD. |
| LOUIS BIANCOLELLI. | M. DELILLE. |
| DESMARRES. | M. THIRON. |
| ABSALON. | M. ROGER. |
| ANGÉLIQUE. | Mlle V. DEBAY. |
| LUCRÈCE. | Mlle DEVOYOD. |

La scène est à Paris, dans la maison de Dufresny.

# LE
# COUSIN DU ROI

Le théâtre représente une grande pièce, moitié salon, moitié cabinet d'étude, encombrée de meubles autrefois splendides, mais poudreux; de gravures et de livres épars. Sur le panneau du fond, à droite, un portrait en pied de Henri IV.

## SCÈNE PREMIÈRE.

### DESMARRES.

Au lever du rideau, la scène est vide; on entend frapper à la porte, puis Desmarres entre. Pendant toute cette scène, il est très-rêveur et très-absorbé, et commet force distractions.

DESMARRES, à la porte.

Hé! Dufresny, c'est moi, moi Desmarres!

Entrant.

Personne!
Voilà bien, sans mentir, une heure que je sonne,
Carillonnant à l'huis et frappant aux volets.
La bizarre maison! ni maître ni valets!

Regardant autour de lui.

O désordre inouï qui sent bien son poëte!
Des livres, une épée et des débris de fête
Épars! sur un drapeau, ce luth en désarroi,

Remontant la scène et apercevant le portrait de Henri IV.

Et ce portrait d'aïeul qui représente un roi!

Il s'arrête devant le portrait et continue tout rêveur, après un silence.

Oui, noble Henri quatre, ô guerrier qui me parles,
C'est toi qui fus l'aïeul d'un fou, l'aïeul de Charles
Rivière Dufresny! Le bon roi jardinait
Avec sa jardinière, en son manoir d'Anet:
Lui, toujours vert-galant, elle, avenante et belle
Plus que Margot la reine, autant que Gabrielle:
Ils s'aimèrent, et c'est à leurs serments badins

Que Dufresny doit être! Amateur de jardins
Et joueur, grand par l'âme et par la bourse mince,
Il a le sort d'un gueux et la fierté d'un prince.
Les femmes l'adoraient, il s'est fait pauvre et seul :
Lui qui planta des parcs, il n'a pas un tilleul;
Lui rimeur, entêté des escrimes hardies,
Il se laisse en enfant voler ses comédies !
O grave question, celle du bien perdu !
Dès que nous avons faim, c'est du fruit défendu.
Nous brûlons, au début de notre apprentissage,
La maison où pourrait vivre et mourir un sage,
Pour bâtir un palais sur le sable mouvant !
La chimère travaille avec nous ; mais le vent,
Tandis qu'avec ferveur nous battons la campagne,
A déjà renversé nos châteaux en Espagne !

## SCÈNE II.

### DESMARRES, ANGÉLIQUE.

On entend frapper à la porte; Desmarres ne répond pas. Entre Angélique.
Elle aperçoit Desmarres et le reconnaît.

ANGÉLIQUE, à part.

Monsieur Desmarres! Bon! ce distrait endiablé
Qui répond un quart d'heure après qu'on a parlé !

DESMARRES, s'apercevant seulement alors que l'on a frappé.

Entrez.

ANGÉLIQUE, cherchant à attirer l'attention de Desmarres.
Monsieur l'auteur !

DESMARRES, même jeu.
Entrez.

ANGÉLIQUE, impatientée, à part.
Même réplique !

Haut.
Mais je suis là, Monsieur, près de vous !

DESMARRES, avec étonnement.
Angélique !

ANGÉLIQUE.
Oui! Peut-on voir monsieur Dufresny ?

DESMARRES.
Par ma foi,
Mignonne, je crois bien que je rêvais à toi !

## SCÈNE II.

ANGÉLIQUE, riant

Vous rêverez toujours !

DESMARRES.

Que de fleurs sur sa lèvre !
Blanchisseuse sans tache, ô nymphe de la Bièvre,
Gageons que, sur ses bords endormis, on peut voir
Les Amours, accourus au bruit de ton battoir !

ANGÉLIQUE, insistant.

Monsieur Dufresny ?

DESMARRES.

Certe, il est bien loin ! La preuve ?

Lui faisant remarquer le désordre du mobilier.

Regarde autour de toi.

ANGÉLIQUE.

Mon Dieu !

DESMARRES.

Sa maison veuve
Le pleure avec des airs contrits. Telle Didon
Appelait Enéas perdu.

ANGÉLIQUE.

Quel abandon !
Comment vit-il, lui fier, et d'un si haut lignage,
Dans les meubles flétris de ce pauvre ménage ?

DESMARRES.

Eh ! ce sont là nos mœurs ! Les poëtes, vois-tu,
Ceux-là cherchant l'amour, et ceux-ci la vertu,
Tiennent en grand mépris le train de ce bas monde.

ANGÉLIQUE.

Ils vivent comme nous, pourtant !

DESMARRES.

Erreur profonde.
Ils songent !

ANGÉLIQUE.

On va loin ainsi ! mais le retour ?

DESMARRES.

Tiens, ne connais-tu pas Biancolelli ? L'amour
L'a coiffé d'une infante aux façons de tigresse...

ANGÉLIQUE.

Une actrice ? Je sais, on la nomme Lucrèce.

DESMARRES.

Lucrèce même. Eh bien ! pourvu que chaque soir

Il puisse sans rien dire à ses côtés s'asseoir,
Et qu'il la chante en vers pleins de feux et de glaces,
Il s'inquiète peu de sortir sur les places
Dans un habit funèbre à sa mine assorti,
Et de rentrer à jeun, comme il était sorti.

ANGÉLIQUE.

Que dit la dame ?

DESMARRES.

Rien. La Lucrèce est trop belle
Pour choyer un Tircis qui n'a que sa cervelle.
Mais notre camarade est content de son sort :
Pourquoi pas ?

ANGÉLIQUE.

Pourquoi pas ! Je trouve qu'il a tort,
Quand la dame serait duchesse, ou reine même !
Et si j'aime quelqu'un, plus tard, je veux qu'il m'aime.

DESMARRES.

Nous t'aimerons, morbleu !

ANGÉLIQUE.

Vous !

DESMARRES.

Oui, charmante. Mais
Comprends-nous ! Et d'abord, ne t'avise jamais
D'un mot qui nous engage à régler notre vie.
Dufresny me ressemble, et n'a pas cette envie !
Dans nos pièces, la dame et son sublime amant
Agissent dignement et régulièrement :
C'est Chimène et Rodrigue, Antoine et Cléopâtre,
C'est le vrai paradis des femmes... au théâtre !
Mais, le rideau baissé, nous fuyons tout devoir,

Avec importance.

Toute gêne, et chacun a peine à concevoir,
Lorsque nous promenons nos façons insolentes,
Que nous ayons pondu des scènes si galantes !

ANGÉLIQUE.

Quel est ce *nous* ?

DESMARRRES.

Nous tous ! le troupeau qu'Apollon
Mène paître au Parnasse avec son violon !
C'est Dufresny, c'est moi...

ANGÉLIQUE.

Pardon, monsieur Desmarres !

Soit que vous redoutiez de fâcheux tintamarres,
Soit qu'après un effort votre ardeur fût à bout,
Vous avez, que je crois, fait une pièce en tout.

DESMARRES.

Eh! pour être amoureux, faut-il aimer vingt femmes?
Une épreuve suffit pour distinguer les âmes;
César n'a pas franchi vingt fois le Rubicon,
Et j'ai brisé ma plume après *Merlin-Dragon!*

ANGÉLIQUE.

C'est un vilain orgueil.

DESMARRES.

     Non, c'est de la sagesse.
J'aurais incessamment refait la même pièce;
Je me tais, mon mot dit, et vais me lamentant
Sur le sort des bavards qui n'en font pas autant.

ANGÉLIQUE.

Si monsieur Dufresny croyait ces beaux oracles,
Comme on s'attristerait, Monsieur, dans les spectacles!

DESMARRES.

Il en serait moins las, et plus gai!

ANGÉLIQUE.

     N'est-ce rien
Que réjouir autour de soi les gens de bien,
Grands et petits? Tenez, moi, j'ai vu sa *Coquette
De village,* et j'ai ri, j'ai ri!..

DESMARRES.

     Douce conquête
Que j'envie!

ANGÉLIQUE.

     Il connaît tout ce que nous pensons!
Mieux qu'un prédicateur il donne des leçons :
Il voit nos cœurs, ou bien alors, c'est qu'il devine!
N'est-ce pas?

DESMARRES.

     N'est-ce pas, ma mie? Elle est divine!
Tu parles de ma muse avec bien peu d'égards,
Moi j'aime à voir briller ce feu dans tes regards!
Peste! le Dufresny s'enflerait à t'entendre!

ANGÉLIQUE, vivement.

Lui!

Avec tristesse.

Vous raillez !

DESMARRES.

Non pas. L'éloge était fort tendre...
Pour lui, du moins; j'aurais voulu qu'il fût ici.

Se ravisant.

Au fait, non.

La lutinant.

Mon cher cœur !

ANGÉLIQUE, entendant venir Dufresny.

C'est son pas... le voici.

## SCÈNE III.

### DESMARRES, ANGÉLIQUE, DUFRESNY.

Entre Dufresny sans chapeau, linge fripé, désordre extrême. Il traverse la
scène sans voir Desmarres ni Angélique, et va s'asseoir à droite. Il
semble en proie à la plus vive agitation.

DESMARRES.

Dufresny !

DUFRESNY.

Quoi ?

DESMARRES.

Dis-nous...

ANGÉLIQUE.

Monsieur, suis-je importune ?

DUFRESNY, bourru.

Non.

ANGÉLIQUE.

Je venais...

DUFRESNY.

C'est bien.

DESMARRES, à Dufresny.

Angélique...

DUFRESNY, sans écouter.

O fortune !

ANGÉLIQUE.

Je suis venue ici dix fois.

DESMARRES.

Combien de pas

J'ai faits, tu ne saurais le croire!

DUFRESNY.

                    Pourquoi pas?
Je ne suis pas rentré depuis trente-six heures.

ANGÉLIQUE.

C'est mal!

DESMARRES.

          Par feu Silène! on dirait que tu pleures!
Quelle est ta plaie? et d'où reviens-tu si matin?

DUFRESNY.

Laissez-moi tout mon soûl gourmander le destin,
Et ne me forcez pas à rouvrir ma blessure.

ANGÉLIQUE.

Vous la soulageriez en parlant.

DESMARRES.

                              Chose sûre!
Des maux que tu souffris fais-toi l'historien;
Sois ton Homère!

DUFRESNY.

                Allons, vous le voulez! Eh bien,
Avant-hier, j'allai tout seul au Cours-la-Reine,
Vers midi; la journée était chaude et sereine,
J'écoutais les propos des buveurs de soleil,
Entretien toujours neuf, quoique toujours pareil!
« — Que fait-on? — La princesse a quitté la Savoie,
« Et certaine Philis brûle encor pour Cavoye...
« Qui gèle! — Cossé boit! — Madame de Conti
« Joue à la Niobé, car Clermont est parti. —
« Fagon purge. — Boufflers pour le camp de Compiègne
« Arme ses cuisiniers. — Et la Maintenon? — Règne
« A jamais! » J'écoutais, je glosais, comme aux temps,
Beaux temps perdus, où, dans mes salons éclatants
De jets d'eau, de lumière et de fleurs indiennes,
J'hébergeais chaque soir trente comédiennes!

ANGÉLIQUE.

Trente à la fois, Monsieur!

DUFRESNY, sans écouter.

                          J'étais donc établi
Sur le Cours. Le roi passe, arrivant de Marly.

Énergiquement.

Enfin! les deux cousins se retrouvaient ensemble!

DESMARRES.

Que fis-tu?

DUFESNY.

Je tenais l'occasion.

ANGÉLIQUE.

Je tremble.

DUFRESNY.

Je ne tremblai pas moi, sachant ce que je vaux.
D'un seul bond je m'élance au-devant des chevaux.
Je me jette à leur tête ; ils se câbrent, on crie :
Mais les automédons s'arrêtent en furie ;
J'écarte de la main les groupes éblouis,
Et je parle.

ANGÉLIQUE, effrayée.

Au roi?

DESMARRES.

Diantre!

DUFRESNY.

A mon cousin Louis!

DESMARRES.

Aïe! Ici nous marchons en plein dans les broussailles!

DUFRESNY.

Et pourquoi donc? Anet interpellait Versailles!
N'avons-nous pas vécu presque amis? J'eus mon lot
De gloire, sous ses yeux! Il me nomma Charlot,
Charlot tout court, ma foi, quand, au siége de Lille,
En chantant un noël, je grimpai dans la ville !

ANGÉLIQUE.

Les nobles souvenirs !

DUFRESNY.

« A-t-on jamais conté,
« Dis-je, une histoire ancienne à Votre Majesté?
« Alexandre, au milieu des glaives et des piques,
« Sorti d'un dieu, prêtait l'oreille aux chants épiques.
« Il eut à ses côtés plus d'un poëte assis,
« Et si nous voulons croire aux antiques récits,
« Sans doute il triompha de l'Orient barbare
« Pour avoir épargné la maison de Pindare !
« O vous dont les rayons illuminent l'éther,
« Roi-Soleil, imitez le fils de Jupiter!
« De mon toit relevé que votre orgueil se pare,

« Et sauvez la maison de Dufresny-Pindare !
« Voyez ! François premier d'une commune voix
« Est loué pour avoir donné plus d'une fois
« Cent écus, en l'honneur de la rime et du mètre,
« Au chansonnier Marot, son émule et son maître !
« O dieu Mars, qui rangez l'univers sous vos lois,
« Faites mieux qu'avant vous le premier des Valois !
« Que jamais de s'ouvrir votre main ne se lasse,
« Et donnez, puisqu'aussi votre étoile surpasse
« Celle du roi François, astre un moment terni,
« Plusieurs fois cent écus à Marot-Dufresny ! »
ANGÉLIQUE.
Vous revenez donc riche ?
DUFRESNY.
Hélas ! Guettant ma proie,
J'avais jeté d'abord ce chapeau sur la voie,
Ainsi que fait un pauvre aveugle !
DESMARRES, distrait.
Il fut surpris !
DUFRESNY.
Qui donc ?
DESMARRES.
Le roi, pardieu !
DUFRESNY, avec colère.
Le roi... ventre saint-gris !
DESMARRES, chantant.
Noël au plus grand des monarques !
DUFRESNY.
Tais-toi bourreau ! Ce feutre avec mon espérance
Gisait donc sur le sol, quand mon cousin de France,
Que je croyais si bien séduit et convaincu,
M'a jeté...
ANGÉLIQUE.
Cent louis ?
DESMARRES.
Non pas ! mille !
DUFRESNY.
Un écu !
Oui, la pièce d'argent misérable et niaise
Qu'on accorde pour boire à des porteurs de chaise !
Un écu ! mon chapeau sans faute en valait six !

Sans compter ma harangue !
ANGÉLIQUE.
Et vous m'en devez dix !
DESMARRES.
Mais au moins gardas-tu le présent ?
DUFRESNY.
Oui, sans doute.
C'était mon sauf-conduit ! Je repris sur la route
Mon chapeau devenu sébille, et d'un élan,
Pour me venger du roi, je courus au brelan !
DESMARRES.
Là...
ANGÉLIQUE.
Vous avez perdu ?
DUFRESNY.
J'ai gagné. Quelque chose
Comme une cargaison de nobles à la rose !

DESMARRES, chantant.
A table rien ne m'étonne,
Et je pense quand je bois...

DUFRESNY.
Dieux jaloux, ai-je dit, vous êtes donc vaincus !
Plutus voit clair !
ANGÉLIQUE.
Alors, payez mes dix écus !
DUFRESNY.
Point ! Confiant le soin d'engraisser ma capture
A des voisins, j'allai commander ma voiture !
DESMARRES.
Je te retrouve enfin ! qui regarde un piéton ?
Il manquait ce carrosse au nouveau phaéton !
DUFRESNY.
Je recrute mes gens, cocher, coureur et page,
Pour me montrer au peuple en fringant équipage ;
Puis, je rentre au brelan. Hélas ! pour mon malheur,
Tout changeait, le banquier, la veine et la couleur
Qui m'avaient assorti des chevaux dans ce bouge.
La noire était tournée au plus funeste rouge !
DESMARRES, déclamant.
« Elle était de ce monde où les plus belles choses
« Ont le pire destin ! »

DUFRESNY.

J'ai tout perdu! J'ai fui du tripot le dernier,
Les mains vides! J'aborde ici sans un denier.
Je dois! et mon chapeau dans leur antre est en gage.
Bast!

*S'exaltant.*

L'amour est le fond de mon léger bagage :
Que je rentre en faveur chez ce porte-flambeau,
Je brise ma prison et je me refais beau,
Et l'on va me revoir, courtisant les duchesses!
La cour ne se prend plus qu'au miroir des richesses?
J'y surgirai, Crésus à la fois et Myrtil.
A l'ombre d'un jupon blasonné! Que faut-il
Pour ne plus avoir l'air d'un rimeur famélique?
Un coup de peigne et des manchettes! Angélique,
Mes manchettes!

DESMARRES, *mélancoliquement.*

Tout passe.

ANGÉLIQUE.

Et j'ai tout repassé,

Monsieur.

DESMARRES.

On ne voit pas revenir le passé.

DUFRESNY, *furieux.*

Allez-vous-en!

ANGÉLIQUE.

Monsieur, mon argent?

DUFRESNY.

Que m'importe!

Ote-toi de ma vue, et que le diable emporte
Toi, les chevaux, la rouge et mes chiffons épars,
Et mes manchettes!

ANGÉLIQUE, *très-attristée.*

Ah!

*Après un silence.*

C'est bien, monsieur, je pars!

*Angélique sort. Desmarres s'empresse et lui offre son bras.*

## SCÈNE IV.

### DESMARRES, DUFRESNY.

DUFRESNY, arrêtant Desmarres.

Où cours-tu, toi?

DESMARRES.

Mon cher, tu connais mes principes!
Où va le papillon amoureux des tulipes?
Où va le tournesol par son astre enchanté?
A ce qui fait l'honneur des cours, à la beauté!

DUFRESNY, ironiquement.

Y connais-tu rien!

DESMARRES, irrité.

Mais...

DUFRESNY.

Partage mon martyre!
Aide-moi, nous allons buriner la satire
De nos Midas, marquis ou comtes, de tous ceux
Qui se rappellent mal, auditeurs paresseux,
Comment l'âme du luth vit sous nos doigts agiles!
Muse, tu vois comment s'éteignent nos Virgiles!
Au temps même où Corneille allait sauter le pas,
Il quémandait le pain de ses derniers repas!
Molière, après avoir souffert les avanies
Des petits héritiers des grandes baronnies,
Est mort sans être sûr seulement d'un cercueil!
La Fontaine, en beaux vers, qui forçaient à l'accueil,
Achetait chez Iris souper, gîte et le reste;
Mais le gîte, en dépit des vers, était modeste!
Et maintenant encor, monsieur Racine, exclus
De Saint-Cyr, où, sans doute, Esther ne charme plus
La veuve de Scarron, règle ses funérailles,
Et s'éteint dans Paris en regrettant Versailles!
Tant mieux! le mendiant partout déshérité,
Le poëte à la fin dira la vérité,
Pour venger une fois son injure éternelle!

Voulant entraîner Desmarres vers le bureau.

Viens!

DESMARRES.

Je ne puis. Je vais...

DUFRESNY.
Où?
DESMARRES.
Voir Polichinelle!
DUFRESNY.
Et la muse, profane?

DESMARRES.
Ami, j'ai dédaigné
La sirène. A la prose à présent résigné,
J'ai soif de vin de Beaune, et non pas d'ambroisie.
Polichinelle est mon mentor! La poésie,
C'est le gai clappement de ses lèvres de bois,
Qui vont criant : « Sois libre, aime au hasard et bois! »
Toi, chausse le cothurne et monte sur la scène!
Flétris l'aveuglement d'Auguste et de Mécène!
Contre leur injustice en tout temps affermi,
Je vais causer sagesse avec ce vieil ami
Dont je n'ai pas revu la mine solennelle
Depuis tantôt huit jours, avec Polichinelle!

Il sort. Dufresny s'élance comme pour le retenir, mais il revient sur ses
pas et s'assied accablé en donnant les signes du plus profond décourage-
ment.


## SCÈNE V.

### DUFRESNY.

Encore un qui me fuit, hélas, après le roi!
Morbleu! dirait-on pas que je porte avec moi
Les malédictions du destin, comme Oreste?
C'est donc la vie! Eh bien, le théâtre me reste!
Là du moins, dans les temps voilé de crêpes noirs,
Notre gaîté brandit son thyrse tous les soirs,
Dans quelque chaud décor où descendent les fées!
Je les vois, fol essaim, de verveine coiffées,
Éparpillant les fleurs d'un langage poli
Sur l'œuvre que je tente avec Biancolelli.
Prenant un manuscrit.
Quel sujet effrayant et neuf! *Ma Mère l'Oie!*
Les contes bleus! la toile immense où se déploie,
Au milieu des géants dont les nains sont vainqueurs,
L'intrigue de la vie et le roman des cœurs!

*Parcourant le manuscrit.*
Là... le Prince Charmant d'abord trouve *Peau d'Ane*
En robe de soleil, mais l'ogre...
*Jetant le manuscrit avec dédain.*
                    Rien ne damne
Un trouvère gaulois comme d'écrire à jeûn,
Et quoique fou des vers, je n'en trouve pas un,
Si le vin, cet ami prodigue, et toujours riche,
N'en chuchote d'abord le premier hémistiche!
Quand les Anacréons sont à demi vaincus,
Leur conseiller n'est pas Erato, c'est Bacchus!
C'est ce bon enchanteur dont la voix familière
Me dira si l'on peut trouver après Molière
Ces fredons imprévus qui valaient des juleps
Contre tous les ennuis!
*Il va chercher une bouteille et se verse à boire.*
                    Mais, par le Dieu des ceps!
Quel vin piteux! avec quel regard il me lorgne!
Assurément j'ai vu dans un cabaret borgne
Ce clairet qui m'affronte avec un air railleur!
Ah! fi! le mauvais vin!

## SCÈNE VI.

**DUFRESNY, BIANCOLELLI, un peu ivre, DEUX VALETS.**

*Deux valets entrent derrière Biancolelli et Lucrèce, et dressent sur la table une collation de fruits et de vins.*

LUCRÈCE.
En voici du meilleur!
DUFRESNY.
Biancolelli!
BIANCOLELLI.
            Bois donc et n'écris plus! Un cancre,
Avec sa mine rogue et ses doigts tachés d'encre,
Fait, rien qu'en se montrant, fuir les Jeux et les Ris!
LUCRÈCE, *prenant Biancolelli par la main.*
Au contraire, marcher par les sentiers fleuris,
De plaisir en plaisir et d'ivresse en ivresse,
BIANCOLELLI.
S'égarer en tenant la main de sa Lucrèce,
LUCRÈCE.
Égrener la moisson entière en un instant,

BIANCOLELLI.

C'est vivre, Dufresny !

DUFRESNY.

Mais le travail, pourtant !
L'inspiration fuit, pour peu que l'on diffère.

BIANCOLELLI.

Les poëtes, ami, sont nés pour ne rien faire.

DUFRESNY, à Biancolelli.

Ainsi tu ne veux pas travailler aujourd'hui ?
Et nos comédiens ?

LUCRÈCE, à Dufresny.

Ne comptez plus sur lui
A présent ! Il est riche et ne veut plus que vivre.
C'est moi seule qui suis sa chanson et son livre.

DUFRESNY.

On n'en peut trouver un qui soit plus séduisant.

BIANCOLELLI.

Non, sans doute, et je veux mourir en le lisant.

DUFRESNY.

Il contient la sagesse.

BIANCOLELLI.

Et le charmant délire !

DUFRESNY.

Ah ! qu'on est malheureux de ne plus savoir lire !
Mes livres s'appelaient jadis Rose et Babet.

Lucrèce va vers la table et verse du champagne dans les verres. Biancolelli
et Dufresny la suivent.

LUCRÈCE, versant à boire.

Cher savant, on vous peut rapprendre l'alphabet.

BIANCOLELLI.

En te le prédisant je serai bon oracle,
Et je connais des yeux qui feront ce miracle.

LUCRÈCE, élevant son verre.

A notre insouciance ! à la joie ! au printemps !
Aux fous dont le désir aura toujours vingt ans !

DUFRESNY.

Vingt ans ! Et qui les a ?

BIANCOLELLI.

Qui ? Toi-même, après boire.

DUFRESNY.

Mais, d'où vient ton Potose ?

BIANCOLELLI.
                    Ah! c'est toute une histoire.
Voici dix ans (notre art jeune encor triomphait),
Un honnête seigneur, noble, riche et bien fait,
Trahi par sa maîtresse, et toujours épris d'elle,
Voulut, à ce qu'on dit, mourir pour l'infidèle.
Comme un démon sans doute, hostile à son honneur,
Lui soufflait ce projet, notre homme, par bonheur,
Entre à la Comédie-Italienne. Était-ce
Qu'il tâchait d'oublier un instant sa tristesse,
Ou le sort daigna-t-il combattre Dalila ?
Je ne sais; mais enfin on jouait ce soir-là,
Pour la première fois, une farce excellente,
Où l'Arlequin, bouffon d'une idylle galante,
Parodiait l'amour avec tant de sanglots
Mêlés fantasquement au bruit de ses grelots,
Et, tout en feu devant les spectateurs paisibles,
Leur dépeignait si bien nos désespoirs risibles,
Que cet amant, guéri de chercher le trépas,
Faillit mourir de rire et ne se tua pas.
Toute sa vie il eut une sincère estime
Pour l'étrange sauveur, pour le plaisant sublime
Qu'il appelait partout son ange gardien !
                    LUCRÈCE, riant.
Un ange en masque noir !
                    BIANCOLELLI.
                         Or, ce comédien,
Dont l'heureuse magie encor pour nous opère,
C'était le glorieux Dominique, mon père !
                    DUFRESNY.
L'esprit même! Pourtant, à ce que l'on a dit,
Ton père, que jadis le roi même applaudit,
Après trente succès, ne te laissa pour vivre
Que sa batte, son nom et son exemple à suivre.
                    BIANCOLELLI.
C'était tout !
                    LUCRÈCE.
               Mais celui que, par son art si beau,
Il avait ramené des portes du tombeau,
Ce seigneur, autrefois épris d'une inhumaine,
Et qu'Argentine avait guéri de Célimène...

DUFRESNY.

Eh bien?

LUCRÈCE.

Qu'il eût mal fait de suivre son dessein!

BIANCOLELLI.

Le bon seigneur mourut hier sans médecin...

LUCRÈCE.

Et par un testament dont la forme est unique,
Il lègue tout son bien au fils de Dominique,
A Biancolelli même!

DUFRESNY.

O sort toujours mesquin !
Que ne m'as-tu donné pour père un Arlequin,
Si pour avoir la chance égale, et te combattre,
C'est trop peu de tenir mon sang de Henri quatre !
Résigne-toi, poëte, et vieillis sans effroi !
Te voilà délaissé des femmes et du roi,
Tout est dit !

LUCRÈCE.

Taisez-vous! L'Amour et la Clémence
Toujours aux vrais buveurs tendent leur coupe immense.
Je devine pour vous le salut, moi qui crois
Au Dieu qui tient le cœur des belles et des rois !
Clémence, amour, en vain notre oubli vous insulte,
Le poëte fervent doit garder votre culte,
Car le feu redescend toujours sur vos autels,
Et comme nos espoirs, vos dons sont immortels !

DUFRESNY.

Je suis vieux. Le flot d'or fuit les sables arides.

BIANCOLELLI.

Mais je veux fuir l'ennui, la sagesse et les rides :
Juge si plus longtemps je puis rester auteur!

DUFRESNY.

Et qu'exige de toi ce digne testateur?
Veut-il un mausolée et son éloge en chaire?

BIANCOLELLI.

Il veut que je le pleure en faisant bonne chère,
Et nous le pleurerons, malgré les envieux !
Il m'ordonne de boire en tout temps du vin vieux,
J'en veux boire ! Il défend d'une façon expresse
Que je meure d'amour aux pieds d'une maîtresse,

J'en vivrai! Chaque été n'a qu'une fois des lis,
Je ne serais jamais que Dominique fils :
Meure la poésie, et vive la paresse !

DUFRESNY.

Vous entendez pourtant ce blasphème, ô Lucrèce !
Qu'en dites-vous ?

LUCRÈCE.

Il est heureux, il a raison !
Après nous, qui voulons cueillir la floraison,
Vienne l'Hiver, ce vieux qui baisse la paupière,
Et se chauffe en tremblant auprès d'un feu de pierre !
Vos maîtres les anciens, en vers mélodieux
Disaient que le bonheur est agréable aux dieux :
Eh bien ! je suis pareille à ces dieux égoïstes !
J'ai dépassé le but des graves alchimistes,
Mon cœur est un creuset,

Elle effeuille une rose.

Ma raison, la voici !
Fi ! que me parlez-vous d'un poëte transi
Près de la Faim songeuse accroupie à sa porte !
Il a, me dites-vous, l'avenir ? Que m'importe !
Moi, je veux de soleil emplir mes yeux ardents,
Aspirer l'air, et mordre avec mes blanches dents
A tous les fruits pourprés qui pendent sur les branches !
Il faut la forêt verte à mes allures franches,
A ma jeune beauté l'éclair des diamants,
Et les satins et l'or, afin que les amants
Comparent, éblouis, au regard qui les noie,
Tous ces rayonnements de lumière et de joie !

Élevant son verre où le champagne brille.

Au bonheur !

DUFRESNY.

Le bonheur ! un mot qui n'a plus cours !
C'est un dieu pèlerin dont les repos sont courts !
-Le bonheur ! son sourire émerveilla la France
Quand je naissais, jadis, aux saisons d'espérance
Où le monde suivit, par le rhythme guidé,
La flûte de Ségrais, les clairons de Condé;
Où, près des palais neufs qu'envahira le lierre,
Daphné ressuscitait pour troubler La Vallière !
Mascarades du Louvre et de Fontainebleau,

Héroïsmes mondains, miraculeux tableau !
Tout a cessé, Phœbus est mort dans une éclipse,
Et l'Éden d'autrefois cachait l'Apocalypse !
Le bonheur ! Ah ! voyez les parcs à l'abandon,
Et Boileau vieillissant qui pardonne à Pradon !
Ils sont passés les jours des combats et des fêtes !
Que chanteraient encor les nymphes des poëtes ?
Le roi n'est plus aux bords du Rhin ! Non, à Marly,
Ermitage et prison, il s'est enseveli,
Tandis qu'à ses côtés veille, gardant la porte,
Le spectre de la vieille en robe feuille morte,
Qui, victime deux fois d'un hymen incomplet,
Bâille avec Pharaon plus qu'avec Jodelet !
LUCRÈCE.
La Maintenon n'est pas chez nous !
BIANCOLELLI.
On boit au Temple,
Buvons ailleurs !
DUFRESNY.
Le vin s'aigrit !
BIANCOLELLI.
Donne l'exemple
Aux poltrons ! Toi qui sais trouver des mots si doux,
Poëte, viens aussi... ne rien faire, avec nous !
LUCRÈCE.
Laissons-nous tous les trois mener par la folie
Vers ma terre natale ! Italie ! Italie !
C'est le cri de mon cœur sous ce climat brumeux !
Quand fuiront les oiseaux, nous partirons comme eux.
Et nous retrouverons parmi les mélodies
Le bon nid gazouillant des vieilles comédies,
Où toute la nichée au plumage vermeil
Fait éclater son rire en face du soleil !
Oui, nous irons toucher du pied les mosaïques,
Nous bercer dans la brise où passent les musiques,
Et rire avec Boccace au pied des orangers !
Ou, si vous avez peur de mes champs étrangers,
Nous pourrons dans vos bois, qu'un nouvel art décore,
Arranger pour nous seuls une Italie encore,
Et, dans quelque séjour par vos soins embelli,
Près du riant Aulnay retrouver Tivoli !

BIANCOLELLI.

Laisse le champ stérile et nu que tu défriches,
Prends ton bâton de route et viens, nous sommes riches!

DUFRESNY, rêveur.

Non! avoir de l'or, c'est savoir qu'on en a pas!
Sur votre pas, d'ailleurs, puis-je régler mon pas?
Comme à ce qui me hait sauvage à ce qui m'aime,
J'ai, vous le savez bien, quitté le roi lui-même
Par amour de l'espace et non pas par fierté.
Je n'estime ici-bas qu'un bien : ma liberté!

BIANCOLELLI.

O l'esclave éternel qui ne veut pas de chaînes!

LUCRÈCE.

Malgré l'automne, il est encore sous les chênes
Festonnés par la mousse, un coin de gazons verts :
Adieu, nous allons être heureux!

BIANCOLELLI.

Toi, fais des vers!

DUFRESNY.

Adieu, Jeunesse!

LUCRÈCE avec raillerie.

Adieu!


SCÈNE VII.

DUFRESNY.

Les fous! Non, ils sont sages.
Pourquoi les effrayer par mes vilains présages?

Avec mélancolie.

Il sera toujours temps!

Il regarde tristement la table chargée de flacons vides.

Ces débris de festin,
C'est l'image parfaite, hélas! de mon destin.
Donc vous n'avez plus rien à dire, ô flacons vides,
Qui versiez tout à l'heure à leurs lèvres avides
Une ivresse si gaie et des espoirs si fous?
Non, n'est-ce pas? Eh bien, moi, je suis comme vous!
Comme vous j'ai caché dans mes urnes choisies
Mille étincelles d'or! Toutes les fantaisies
Pour lesquelles vingt ans mon feu se dépensa,

C'était la royauté de mon Sancho Pança !
Chanteur, peintre, soldat, que d'espoirs éphémères
M'ont bercé, qui cachaient la grille des chimères !
Ah ! pauvre Dufresny, que vas-tu devenir !

Relevant la tête.

Un hasard de bonheur et je puis rajeunir,
Pourtant ! Vin généreux, je n'ai pas bu ta lie,
Je ne céderai pas à la mélancolie !
Soyons homme. Il me faut de l'esprit le plus gai,
J'en trouverai, morbleu !

Retombant dans son accablement.

Je suis bien fatigué.
Quels sont les vieux amis qui de moi se souviennent ?
Et la gloire qui fuit ! les quarante ans qui viennent !
Encor si la maison n'était pas vide ! Mais
Être triste, être seul, être pauvre, et jamais
Ne voir sur ces murs froids que l'ennui décolore
Un sourire indulgent qui me rendrait l'aurore !
Pardieu ! cette Angélique est un joli minois !
Ces grands yeux où l'amour vous guette en tapinois,
Et ce poignet d'enfant si fin sous la dentelle !...
J'ai dit que j'étais vieux, n'y pensons pas.

Apercevant Angélique qui entre.

C'est elle !

## SCÈNE VIII.

### DUFRESNY, ANGÉLIQUE.

DUFRESNY.

Vous avez retrouvé mes manchettes ?

ANGÉLIQUE.

Mais non !
Je reviens pour l'argent.

DUFRESNY.

Que je perde mon nom,
Que je ne touche plus ni mes dés ni mon verre,
Si, mes fonds rassemblés par un caissier sévère,
Il reste dix deniers en tout dans mon tiroir !
Jetez pourtant, ma belle, un regard au miroir !
N'est-ce pas un péché, quand on a cette bouche

Et ce front, d'imiter la Lésine à l'œil louche ?
Pourquoi me quereller sur mes doublons absents ?
Vous à qui le destin prodigue ses présents,
Crésus, qui possédez cette richesse insigne,
Des dents de perle, un pied mignon, un cou de cygne,
Chantez, sans vous lasser, un *Deo Gratias,*
Et puis riez ! Sur vous, pareille à feu Bias,
Vous portez vos trésors, le duvet au visage,
Et dans un sein de neige, un esprit vif et sage !
Donc, vous devez narguer l'argent ! Il serait fou
De quêter des écus, quand on a le Pérou !

ANGÉLIQUE.

Vous parlez bien, Monsieur ; mais ce n'est pas mon compte !

DUFRESNY.

Fi ! l'Harpagon en fleur ! certes pour toi j'ai honte !
Je te rêvais cigale et te voilà fourmi !
Mais pourtant d'où te vient ce désir ennemi ?
Pourquoi ces dix écus ? Chez toi veux-tu des fresques ?
Veux-tu, par grand courroux contre les Barbaresques,
Poursuivre sur les mers le nom mahométan,
Et fréter des vaisseaux pour battre le sultan ?
Pour garder les abords de ta blanchisserie,
Te faut-il des dragons ? Parle !

ANGÉLIQUE.

     Je me marie.

DUFRESNY.

Toi, pauvre enfant ? Encore une fille à la mer !

ANGÉLIQUE.

Les rubans et la fleur d'oranger coûtent cher,
Et...

DUFRESNY, l'interrompant.

Qu'est ton prétendu ?

ANGÉLIQUE.

     Claude est valet de chambre
Chez monseigneur d'Harcourt.

DUFRESNY, rêveur et la regardant.

     Sa taille qui se cambre,
Comme au mois de la séve un pampre refleuri,
Pliera dans les gros bras d'un maraud ! Ce mari
Qui ne saura jamais pourquoi sa femme est belle,

Va dresser aux baisers cette lèvre où j'épèle
Les secrets qui jadis égaraient ma raison!
C'est pitié! J'aimerais autant voir le blason
Arrosé par le sang d'un brave gentilhomme
Servir de bât au dos d'une bête de somme,
Que de voir cette noce et ces longs cheveux bruns
Où le désir furtif se prenait aux parfums,
Coiffés et décoiffés par une main rougeaude!

ANGÉLIQUE, insistant.

Monsieur, les dix écus?

DUFRESNY.

Hein? tu disais?.. ce Claude,
Tu l'aimes?

ANGÉLIQUE.

Hé, Monsieur! il faut faire une fin!

DUFRESNY.

Sans avoir commencé?

ANGÉLIQUE.

Monsieur, le diable est fin,
Et j'ai vingt ans!

DUFRESNY.

Dis-moi si tu l'aimes?

ANGÉLIQUE.

Qu'importe?
Que j'aime ou non, j'épouse, et ma sagesse est forte!

DUFRESNY.

Très-bien!

ANGÉLIQUE.

Claude est vaillant, et...

DUFRESNY.

Tu ne l'aimes pas!
Allons donc!

ANGÉLIQUE.

Oh! Monsieur, plus bas, parlez plus bas!
Est-ce ma faute, si je reste sans défense
Contre les souvenirs de ma joyeuse enfance?
Car, quand j'étais petite, on s'amusait chez nous!
Notre cabaret fut longtemps le rendez-vous
Des auteurs en renom!

DUFESNY.

Vraiment! Où donc était-ce?

ANGÉLIQUE.

Devant le Châtelet, *au Noé de Lutèce*.

DUFRESNY.

Un Noé costumé comme Adam ! Je le vois,
Ce biblique patron de monsieur Pillevoix !

ANGÉLIQUE.

Mon père !

DUFRESNY.

　　　　Hôte commode et que je me rappelle !
Sous sa treille, en été, Despréaux et Chapelle
Devant un large pot de clairet angevin,
Et le vidant tous deux, prêchaient contre le vin !
Santeuil balbutiait d'une voix incertaine
Un distique latin fait pour une fontaine,
Lulli gesticulait tous ses airs d'opéras !

ANGÉLIQUE.

Et vous, Monsieur, un feutre à plume sous le bras,
(J'avais douze ans alors, vous n'en aviez pas trente),
Vous veniez, l'œil en feu, la mine conquérante,
Hardi comme un sergent, paré comme un écrin !
Et des gaîtés ! Je sais encore le refrain
Des vendangeurs qui vont dans la vigne à Claudine !
Vous me l'avez appris.

DUFRESNY.

　　　　Oh ! oh ! l'œuvre est badine,
Mais je t'aime d'avoir retenu mon couplet !

ANGÉLIQUE.

Moi, je m'en veux du mal ! Et comment, s'il vous plaît,
Être heureuse et docile aux devoirs de la vie,
Moi qui jusqu'au lavoir banal suis poursuivie
Par l'éternel regret de ces hôtes fameux !
Moi que le désir tient, non pas d'être comme eux,
Comme vous, connaisseuse en musique et savante,
Mais d'exister près d'eux, à leur ombre, en suivante !

DUFRESNY.

En suivante ? En maîtresse !

ANGÉLIQUE.

　　　　　　Oh ! monsieur Dufresny,
Vous me raillez trop vite et je n'ai pas fini !
Que me demandiez-vous ? Si je suis fort contente

D'épouser le mari que me donne ma tante ?
Comme je n'osais pas me taire, j'ai menti !
Mon mensonge a tort ! Claude est assez bien bâti
Pour un laquais, il porte à ravir sa livrée,
Il brille au rigodon... mais il me désagrée !
Mais, malgré tout son fard, il est déjà caduc !
Mais il tombe à genoux pour parler de son duc,
Et se moque à tous coups, si je vante un poëte !
Hier, pour varier l'ennui du tête-à-tête,
Je lui contais comment jadis au cabaret,
Molière soucieux, par mon babil distrait,
Me prit, j'avais quatre ans ! me tapa sur la joue,
Et me nomma (charmé par ma petite moue)
Sa fille ! Entendez-vous, sa fille ! — Il en a ri !

DUFRESNY.

Il en a ri ! Vrai Dieu ! moi j'en suis attendri,
Et pour mieux expier le crime de ce rustre,
Sur ce front qu'a touché la main du père illustre,
Frère pieux, veux-tu que je mette un baiser !

ANGÉLIQUE.

J'aurais mauvaise grâce à vous le refuser !

A part.

Il l'a trop gentiment gagné.

DUFRESNY, embrassant Angélique. A part.

Tendre et naïve !
Friand repas d'amour qui n'attend qu'un convive !

ANGÉLIQUE, très-émue.

Adieu !

DUFRESNY, la prenant par la taille.

Pourquoi partir ? avons-nous arrêté
Nos comptes ? Je vous dois ?...

ANGÉLIQUE, sérieusement.

Laissez, en vérité !

DUFRESNY.

Si vous vous repentez de votre confidence,
Adieu, Mademoiselle !

ANGÉLIQUE.

Ah ! de mon imprudence,
C'est lui qui me punit ! Tant mieux, j'avoûrai tout !

Se taire, c'est tromper, et la franchise absout !
Depuis six mois, — quand j'ai reprisé la charpie
De vos rabats, je monte essoufflée et j'épie
Les loisirs tourmentés, le labeur indolent,
Et les grosses fureurs contre le papier blanc !
Je connais tout, projets morts-nés dans la bouteille,
Chefs-d'œuvre qu'un instant produit ! Je m'émerveille,
Et je redescends triste, et juge en arrivant
Claude un peu plus laquais et plus sot que devant !

DUFRESNY.

Chère âme !

ANGÉLIQUE.

     C'est assez d'un tel enfantillage !
Voilà pourquoi je vais hâter mon mariage,
Pourquoi je voulais prendre un congé décisif
Et me faire haïr, et pourquoi comme un juif
J'agissais contre vous, et pourquoi tout à l'heure
J'ai trahi mon secret, enfin pourquoi je pleure !

DUFRESNY.

Tu pleures, et pour moi ! Mais me voilà trop fier,
Raffermi pour demain, consolé pour hier !
Tu n'imites pas, toi, les Philis des ruelles,
Qui, pour succomber mieux, contrefont les cruelles !
Tu crois en ton honneur autant qu'au mien, merci.
Merci, mon Angélique ! oh ! je t'adore ainsi,
Toi, chaste ingénument, sans sublimes postures,
Toi sincère au milieu d'un monde d'impostures !

ANGÉLIQUE.

Silence ! Oh ! le méchant ! il me ment de moitié !
Plus de semblants d'amour, mais un peu d'amitié !
Je vaudrais tout au plus pour ranger votre armoire,
Recoudre vos rideaux et régler mon mémoire !
Vous même l'avez vu, je ne sais que pleurer,
Et je ne vous comprends qu'à force d'admirer !
Adieu !

Elle pleure.

DUFRESNY, la suppliant.

Restez !

ANGÉLIQUE.

     Je vais où mon sort me renvoie.
J'y goûterai du calme, et même un peu de joie !

Close dans mon ménage et végétant sans bruit.
J'essairai d'oublier votre oubli ! Mais la nuit,
Mes rêves parleront ainsi que tu me parles,
Et puis, que j'aie un fils, il s'appellera Charles !..
Et...

DUFRESNY.

Je t'épouserai moi, je t'épouserai !

ANGÉLIQUE, avec explosion.

Vous !

DUFRESNY, très-vivement.

Mon cousin crira ; mais je glorifierai,
Dans des noëls tournés d'une verte manière,
Le goût de notre aïeul pour une jardinière !
Nous n'aurons pas de place au gala de la cour,
Mais l'amour vaut un trône et nous avons l'amour !

ANGÉLIQUE.

Ah ! vous extravaguez ou c'est moi qui délire !

DUFRESNY.

Quel prodige est-ce donc qu'un vieux porteur de lyre,
Sans amis, ait horreur de l'éternel exil,
Et que le noir janvier veuille épouser avril ?

ANGÉLIQUE.

Mais songez-vous ?..

DUFRESNY.

Je songe, ô ma gaîté conquise,
Que si j'étais marquis, je vous ferais marquise !
D'ailleurs, si les jaloux font trop de brouhaha,
Fille de Pharaon, et toi, Nausicaa,
Princesse dont Ulysse admira la lessive,
Nobles garants, contre eux vous prendrez l'offensive !

ANGÉLIQUE.

Comme vous m'enchantez par ces beaux sentiments !

DUFRESNY.

Tant mieux, ma foi ! Pourtant, en dehors des romans,
A ton futur, dis-moi, pour ton gîte et tes vivres,
Tu n'offrais pas de dot ?

ANGÉLIQUE.

Mais si, douze cents livres.

DUFRESNY.

Douze cents ! un Pactole, où paisibles rentiers,

Nous puiserons tous deux le bonheur par quartiers,
Et...

## SCÈNE IX.

DUFRESNY, ANGÉLIQUE, ABSALON, complétement ivre.

ABSALON, entrant avec le chapeau de Dufresny à la main.
Monseigneur, je suis votre valet!

DUFRESNY.
A l'autre!
Quel est ce goinfre avec ses airs de patenôtre!

ABSALON, à Angélique.
Madame...

DUFRESNY, poussant Absalon pour l'empêcher de parler à Angélique.
Il va sans doute éclater dans sa peau!
Que veux-tu?

ABSALON.
Monseigneur, voilà votre chapeau.
Je viens vous réclamer sept pistoles.

DUFRESNY.
Vous dites?

ABSALON.
Sept pistoles.

DUFRESNY.
Faquin!

ABSALON.
Celles que vous perdîtes
Hier, à l'Académie où vous faisiez chorus,
Contre un patron à moi, le chevalier Cyrus!

DUFRESNY.
Morbleu! comment payer cette dette!

ANGÉLIQUE, à part.
Ah! pauvre homme!

DUFRESNY, à part.
Devant elle, ce bruit! pour sept louis en somme!

ABSALON, de plus en plus ivre.
Je suis un bon valet, on me nomme Absalon!
Jusqu'au paîment, je reste ici... dans ce salon!

DUFRESNY, exaspéré.

Toi, pendard !

ANGÉLIQUE, à part.

Si j'osais !..

ABSALON, à part.

Je vais faire un esclandre !

Haut à Dufresny.

Le chevalier Cyrus dit qu'il ne peut attendre.
Il a besoin du tout... pour doter un sergent !

ANGÉLIQUE, voyant l'embarras de Dufresny, à part.

J'ai le droit d'obliger mon mari !

ABSALON, insistant avec insolence.

Cet argent !..

ANGÉLIQUE, timidement à Dufresny.

Mon épargne est toujours chez mon tuteur, qui loge
Là, sur la place...

DUFRESNY, hésitant.

Eh bien !..

S'éloignant d'Angélique, à part.

Mais, diantre ! je déroge !
L'histoire tourne mal et mon rôle est piteux !
Vieux garçon dédaigné, rimeur nécessiteux,
J'irais vivre aux dépens de cette brave fille !
Que penseraient de moi ma muse et ma famille ?

ABSALON, à Dufresny, dignement.

Réglons.

DUFRESNY.

Drôle ! va-t'en d'ici !

ABSALON, blessé.

Sans mon butin ?

DUFRESNY.

Dis que je porterai l'argent demain matin.

ABSALON.

Non. Monseigneur a l'âme, à coup sûr, trop sensible !

Avec emphase.

Un poëte !

DUFRESNY.

Va-t'en !

ABSALON.

La chose est impossible.
Je ne sortirai pas sans avoir rien reçu.

DUFRESNY, *battant Absalon.*

Prends donc ceci, maroufle!

ABSALON, *criant et s'enfuyant.*

Ah! ah! si j'avais su!

DUFRESNY, *très en colère, et se promenant de long en large.*

Vrai Dieu!..

ABSALON, *rentrant et criant à tue-tête.*

Je sifflerai vos pièces de théâtre!

*Dufresny court après Absalon qui s'enfuit.*

## SCÈNE X.

### DUFRESNY, ANGÉLIQUE.

ANGÉLIQUE, *doucement.*

Pourquoi ne pas payer?

DUFRESNY, *sans l'écouter.*

O misère! ô marâtre!

ANGÉLIQUE, *timidement.*

Charles!

DUFRESNY.

Résignons-nous à mon isolement!
Je ne méritais pas de vieillir en l'aimant.

ANGÉLIQUE.

Parlez-moi? vous voilà tout lugubre!

DUFRESNY, *embarrassé.*

Un obstacle...

ANGÉLIQUE, *pâlissant.*

Mon Dieu!

DUFRESNY, *avec feu.*

Qu'on peut briser...

*Avec accablement, à part.*

Oui, mais par un miracle!

*Il s'assied très-triste. Angélique s'approche de lui avec un grand trouble.*
*Un instant de silence, jusqu'à l'arrivée de Desmarres.*

## SCÈNE XI.

### DUFRESNY, ANGÉLIQUE, DESMARRES.

DESMARRES, *entrant très-exalté.*

Ah! mon cher, quel succès! j'en suis encor troublé!

Quels applaudissements! que de monde assemblé!
Dames à falbalas, marquis, abbés, poëtes. .
C'était superbe !

> DUFRESNY, s'impatientant déjà.

    Où donc?

> DESMARRES.

        Chez les marionnettes !
Jamais de plus d'esprit on ne nous régala !

*Il va décrocher un miroir et remonte la scène en le tenant dans ses mains.*

Figure-toi d'abord que l'horloge est par là,
Au moment où Zerbin entre par la croisée,
Et que...

> *Desmarres, oubliant qu'il tient quelque chose, fait un geste et laisse*
> *échapper le miroir, qui est retenu à temps par Dufresny.*

> DUFRESNY.

    Ma foi, j'ai cru cette glace brisée.

*Au mot* glace, *prononcé par Dufresny, Desmarres, comme frappé d'un sou-*
*venir soudain, pousse un grand cri.*

> DESMARRES.

Ah!

> DUFRESNY.

    D'où vient ce transport ?

> DESMARRES, avec entraînement.

        Je l'avais oublié !
Te voilà riche, heureux...

> DUFRESNY, exaspéré.

    Quoi?..

> DESMARRES.

        Réconcilié
Avec le roi !

> DUFRESNY.

    Comment ?

> ANGÉLIQUE.

        Dieu! que je suis heureuse !

> DESMARRES, retombant dans sa distraction.

Certes! l'intrigue est neuve, ardente, aventureuse !

> DUFRESNY.

Quelle intrigue ?

> DESMARRES.

    La pièce! Elle a fort réussi.

DUFRESNY.

Mais, bourreau, ta nouvelle?

DESMARRES.

Ah! c'est vrai. M'y voici.
Tu sais qu'on demandait au roi le privilége
D'une manufacture...

DUFRESNY.

Eh! comment le saurais-je!

DESMARRES, très-vite.

Pour des glaces. De là, le bonheur imprévu
Qui t'arrive!

DUFRESNY, à bout de patience.

A la fin j'y renonce!

DESMARRES.

J'ai vu
Tout à l'heure à côté de moi sur le théâtre
Le prince de Conti, riant d'un air folâtre...
Tu sais comme il rit bien!

DUFRESNY.

Es-tu donc décidé
A me pousser à bout?

DESMARRES.

Jadis chez les Condé
Il me vit, quand j'étais épris de Véronique,
Mon seul amour!

DUFRESNY.

Où tend ceci?

DESMARRES.

Ma pièce unique,
Il la connaît! Veut-il citer le parangon
De l'art, il dit toujours : Lisez *Merlin Dragon!*

ANGÉLIQUE.

Nous le lirons!

DESMARRES.

Il va le voir, même en province!
Et je...

DUFRESNY.

Qu'a ma fortune à faire avec le prince?

DESMARRES.

Pour être bien sincère, il n'était pas à jeun,
Et racontait tout haut à ce grand homme brun,

Tu sais bien, qui toujours l'accompagne... une histoire
Qui te... mais non, jamais tu ne pourras le croire.

DUFRESNY.

Nous verrons bien.

DESMARRES.

Gageons. Madame, au jeu du Roi,
Hier loua bruyamment une chanson de toi.
Le prince alors s'avance et défile tes titres;
Tes piquants *Entretiens Siamois,* ces chapitres
Où notre La Bruyère eût glané, *Le Dédit,*
*Le Mariage fait et rompu,* puis *l'Esprit*
*De Contradiction,* puis l'adroit dialogue
Du *Joueur,* un chef-d'œuvre!

DUFRESNY.

Où va ce catalogue?
Beaux chefs-d'œuvre, ma foi, qui ne m'ont rapporté
Que beaucoup d'envieux et que ma pauvreté!

DESMARRES.

Père ingrat! Entraîné par ton apologie,
Sur ta bourse le prince a fait une élégie.

DUFRESNY.

Et le roi?

DESMARRES.

Le roi dit : « Quoi! mon pauvre cousin! »

ANGELIQUE, doucement à Dufresny.

Vous voyez qu'on vous aime encore, mon voisin!

DESMARRES.

Bref! pour achever tout, il te donne une marque
De son ressouvenir... mon ami, quel monarque!
Les banquiers (vois jusqu'où va son affection)
Auront leur privilége à la condition
De te compter demain soixante mille livres!

DUFRESNY, embrassant Angélique.

O ma femme!..

DESMARRES.

On s'épouse?

DUFRESNY.

O sort qui me délivres!

DESMARRES.

On se marie! alors ne soyez pas ingrats!
J'espère, Dufresny, que tu m'inviteras.

DUFRESNY.

Certe, et même je veux t'envoyer un carrosse.
Mais promets-moi du moins, pour égayer ma noce,
Que ce jour-là, quittant leurs airs étiolés,
Tes canons mieux en point paraîtront consolés !

DESMARRES, fâché.

Mais...

A part et avec réflexion.

Je lui répondrai, morbleu !

DUFRESNY.

Plus de souffrance !
Cette enfant que tu vois, ami, c'est l'Espérance !
Je l'épouse, et déjà pour fêter mon réveil,
Le soir sur mes carreaux darde un rayon vermeil !
Tout me sourit ! le Roi m'a puni de mon doute.
Son soleil a versé des pleurs d'or sur la route
Où, triste pèlerin, sans but je cheminais.
L'amour m'a refait simple et bon, et je renais !

DESMARRES.

Moi je te perds !

DUFRESNY.

Non pas, j'ai de l'or, c'est-à-dire
Nous en avons ! Ainsi va vers ce qui t'attire ;
Accueille tes désirs en maîtres absolus,
Obéis au caprice, et ne t'avise plus
De dire : « Adieu, paniers, les vendanges sont faites ! »
J'ai de l'or, nous pouvons perpétuer les fêtes ! ¡

ANGÉLIQUE.

Pas trop longtemps. Je veux l'ordre dans la maison.

DUFRESNY.

Vous êtes mon bonheur, vous serez ma raison !
DESMARRES, qui n'a pas cessé de se promener en rêvant profondé-
ment.
Tout leur va bien, Thisbé va convertir Pyrame ;

Se grattant le front.

Mais moi, je ne puis pas trouver mon épigramme !

Avec explosion.

Je la tiens !

Haut.

· Tu plaignais pour le jour du repas

Mes canons? Que veux-tu ! tout le monde n'a pas
Le bonheur d'épouser...

DUFRESNY.

Sa blanchisseuse?... Achève.

Vois ses yeux! Angélique a la noblesse d'Ève,
La meilleure, et l'apporte en dot à son mari;
Je pense là-dessus comme le roi Henri.

ANGÉLIQUE, au public.

O public, notre histoire est un conte de fées !
Maintenant, l'or abonde aux mains de nos Orphées,
Et, s'ils veulent aimer, pour attirer leurs soins,
C'est peu d'un cœur, il faut un million au moins !
Accueille cependant, public, notre prodigue
Qui vécut sans argent, amusa sans fatigue,
Et qui, pour bénir Dieu, lui, petit-fils de roi,
Eut assez d'un moment d'opulence, et de moi !

FIN.

LAGNY. — Imprimerie de VIALAT.